금호동 연가

건강신문사 힐링노래시집

금호동 연가

초판 1쇄 | 2026년 1월 23일

저　자 | 이승현
발행인 | 윤승천
발행처 | (주)건강신문사

등록번호 | 제25100-2010-000016호

주　소 | 서울특별시 은평구 통일로 712-1
전　화 | 02)305-6077(대표)
팩　스 | 02)305-1436

인터넷건강신문 | www.kksm.co.kr
헬스데일리 | www.healthdaily.co.kr
한국의 첨단의술 | www.khtm.co.kr

ISBN 978-89-6267-173-5 (03800)

건강신문사 힐링노래시집

•
•
•

금호동 연가

이승현 시조집

건강신문사
www.kksm.co.kr

시인의 말

또 한 생의
이어짐을 위하여
회귀하는 연어처럼

먼 길을 돌아
어릴 적
풍경과 함께
노을빛에 젖어 드는
금호동의 골목길

오늘도
그 길을 돌고 돈다.

2025년 겨울

이승현

차례

시인의 말 • 4

1부 봄빛밥상

봄빛밥상 • 11
빈터 • 12
금호동 연가 • 13
금호강 • 14
금호동 시장 • 16
금호동 사거리 • 17
금호역 스크린 • 18
처진 달을 빨다 • 19
장마당 역무원 • 20
시장에 핀 연꽃 • 21
행상 커피 • 22
달빛 사랑방 • 23
그냥 좋네요 • 24
모른척해 주세요 • 26

2부 천상초

천상초 • 29
별을 딸까 • 30
소나기 • 31
봄은 짧다 • 32
능소화 • 34
동백꽃 • 35
물안개 • 36
재부팅 • 37
해운대역 • 38
줄타기 • 39
곰빵*의 하루 • 40
캡슐방*에서 • 41
셈 • 42
티끌 • 44
쉼 • 46

3부 아내시편 7(은어향)

아내시편 · 1 • 49
아내시편 · 2 • 50
아내시편 · 3 • 51
아내시편 · 4 • 52
아내시편 · 5 • 53
아내시편 · 6 • 54
아내시편 · 7 • 55

아내 시편 · 8 • 56
아내시편 · 9 • 57
아내시편 · 10 • 58
아내시편 · 11 • 60
아내시편 · 12 • 62
아내시편 · 13 • 64

4부 거미별곡

거미별곡 • 67
깸 • 68
근시안 • 69
외톨밤 • 70
적자 밥상 • 71
자전거 • 72
토우 • 73
책갈피 • 74
이울어가는 길 • 75
떠나는 길 • 76
꿈집 • 77
부두 노숙자 • 78
들풀 • 80
순환열차 • 82

5부 봄볕은 아내의 품

봄볕은 아내의 품 • 85
글에 풀을 먹이다 • 86
참깨 • 87
딸에게 • 88
할아버지 눈썹 • 89
햇살을 터는 • 90
별똥별 • 91
뛰지 마라 • 92
강 언저리 억새풀도 • 93
초끈* • 94
남강의 봄 • 95
우포 • 96
옹기 • 97
편의점 알바 • 98

■ 라이너 노트 • 99

1부

봄빛밥상

봄빛밥상

우수쯤 오는 빗소리는 달래빛을 닮았다

그 파장 촉촉함에 환해지는 동강할미꽃

온 들녘 향긋한 밥상을 받아 안는 시간이다

몇 차례 마실 오실 꽃샘추위 손님꺼정

서운치 않게 대접하려 분주한 새아씨 쑥

제 몫의 밭두렁만큼 연두초록 수를 놓고

웃방에서 아랫방으로 겨우내 몸살 하시던

팔순 어머니도 냉잇국에 입맛 다실 때

쪼로롱 구르는 물방울 봄노래를 품는다

빈터

마음 어귀 어디쯤 빈터 하나 있었음 싶다
그 누구도 찾지 않아 보잘 것은 없어도
들풀이 몇 포기쯤은 나름대로 피어있을

허접쓰레기에 쌓여 딱딱하게 굳어진 땅
내가 뭘 얻겠다는 그런 잇속 걷어내고
푸성귀 몇 고랑 갈아 물이라도 주고 싶은

그렇게 여러 나절 보내기라도 할라치면
꼭꼭 저민 울타리 갇혀있던 이웃들이
호기심 많은 눈으로 기웃거리고 싶어 하는

가끔은 비가 오고 햇볕도 알맞아서
연두빛 넘쳐나는 어머니 오지랖처럼
목마른 아이 찾아오면 젖이라도 주고 싶은……

금호동 연가

그래요 그랬다지요 언제나 그랬다지요
보름달 설렁설렁 잔별들 속닥속닥
금호동 낡은 돌담에 걸려있는 달빛 한 줄기

하늘 흔들어 깨우는 그 끝을 알 수 없는
풀벌레 그렁한 숨소리 산등성 넘어가며
한동안 복작거리다 발걸음도 뜸해지는 길

얼마나 화려한 불꽃 터뜨리려 그러는지
할미꽃 애기똥풀 뿔뿔이 다 흩어지고
빛바랜 가로등불만 딸깍딸깍 졸고 있는 밤

그래요 그랬다지요 언제나 그랬다지요
보름달 설렁설렁 잔별들 속닥속닥
금호동 낡은 돌담에 깨어나는 수국 하나

금호강

내드름 가락 타고
찬물내 몇몇 굽이

휘감는 산자락을 중모리로 돌려놓고

한 움큼
볕살 녹이며
소리의 강, 물길 튼다

여울목 여울질 땐 자진모리 장단 가락
굽너울 두서너울 춤사위로 돌고 돌아
느린목 잡채는 소리에 흐트러지는 잎새들

자빠지고 엎어지다
그렇게 목이 쉰 강

이제는

지친 너울도
계면조로 눕는 시간

모래톱 갈대 노을이 너름새 저리 넣고…

금호동 시장

때 절은 검정 비닐로 허리춤 감아 묶고

반 평 남짓 좌판마다 물기 마른 할미꽃들

뒤틀린 허리를 펴고 언제쯤 하늘 볼까

봉합된 시간 속에서 빗장 열릴 때까지

장바닥 한 길 파며 닳아가는 생의 비늘

손가락 굵은 마디에 주름 깊은 물소리

바람도 외면하는 쪼그라든 조기 몇 마리

올 거친 손금으로 쓰다듬고 쓰다듬는다

저 길 끝 퀭한 솟대에 꽃등 하나 밝히려고…

금호동 사거리

점멸의 불빛 따라 모였다 흩어지는
분주히 걷는 사람 발소리 틈 사이로
등이 휜 노을 한 줄기 엉거주춤 걷는다

사거리 모퉁이를 성벽처럼 둘러싸고
우리네 목마름은 아랑곳없단 현수막
건널목 어디쯤에서 저 아우성 내릴까

질퍽한 노점상에 군상들 흥정 소리
콩나물 한 봉지를 들고 선 저 어머니
해와 달 꼬리를 무는 쳇바퀴 속 한 배경

금호역 스크린

뒷마당 대숲소리 삼삼히 들려오는
지하철 앞쪽 벽에 고향집 앉아있다
다 낡은 신발 한 컬레 신발코를 쭉 빼고

둠벙 속 저녁노을 물수제비로 덧칠하며
고샅길 우렁우렁 뛰놀던 옛 친구들
지금쯤 애들 손잡고 정자나무 돌겠지

전철이 도착하자 고향집 지워진다
귀향 못 한 사람들 우르르 밀려들고
그 틈새 나 또한 서서 하루를 셈하고 있다

처진 달을 빨다

봄볕이 왔음에도 눈시울 짓물러 터지는

노점상 김씨 눈에는 늘어진 달이 뜬다

땟물에 절은 무늬만 후룩 돋는 달무리

달빛마저 전당포에 저당 잡혀 버렸는지

오늘은 어제보다 더 추운 시장골목

좌판 위 맴도는 바람 비린내만 훑는다

처진 눈 밑 달을 빨아 알전구에 걸어본다

감 마냥 볼이 올라 볼고소롬 볼이 올라

내일은 움츠린 길손들 안고 갈까, 밝은 달

장마당 역무원

좌판도 낡은 천막도 염천에 주눅이 들고
눈빛도 외면하고 가는 금호동 간이시장
비릿한 꽁치 몇 마리 날벌레에 시달린다

꽃 같은 일등고객 대형마트가 모셔가고
짭짤한 단골손님 할인카드로 환승을 하고
장마당 지친 의자에 홀로 조는 할아버지

재개발 조합사무실 돋음새임 간판 앞에
테마열차 세워놓고 한바탕 난전 펴는 날
손금에 동그라미 치며 오늘도 깃발을 든다

시장에 핀 연꽃

진흙에서 피는 꽃을 연이라 부른다면
장에서 피는 꽃은 무어라 부른답니까
오늘도 한 줌 푸성귀 다듬고 있는 할머니

전철역 입구에서 몇 단의 쪽파를 놓고
쏟아지는 졸음에 가끔은 수를 놓치지만
굽은 등 햇살 앉을 땐 꽃잎 벌어요, 벙시레

반쯤 기운 좌판을 바람에게 인심 쓰고
어스름 노을빛이 손등 타고 흘러내릴 때
온종일 높였던 목청 연잎 접듯 여며요

행상 커피

오가는 사람들의 발소리 가늠하며
하얀 종이컵을 살포시 안아보지만
손등을 치고 빠지는 날이 퍼런 칼바람

눈이라도 오는 날은 일용직도 뜸해져
백지빛 장마당에 눈물만 질척거리고
수증기 피워 올리다 맥을 놓는 주전자

어쩌다 단골손님 그 온기로 견디는 일
딸그랑 떨어지는 오백 원 동전소리
은백색 달덩이 하나에 시린 몸이 녹는다

달빛 사랑방

홍시가 손짓하는 고향집 가는 날은
달보다 더 정겨운 마음들을 안습니다
벼이삭 가을볕 딛고 내친걸음 놓습니다

담 없는 넓은 마당 펼쳐놓은 평상위에
하나둘 모여든 벗 뚝배기 속 미꾸리입니다
간간이 퍼지는 웃음 흥을 더욱 돋습니다

모닥불 자기 전에 밤톨 두엇 더 얹으면
도시에서 찌든 땀내 슬며시 물러 나앉고
모처럼 홍시빛 달덩이 가슴 속에 품습니다

그냥 좋네요

봄볕이 그냥 좋네요
뭔가 모르게 그냥 좋네요
먼 산 꽃물결보다 풀꽃 싱그러움보다
허기진 가슴 채우는
그 무엇 그냥, 그냥 좋네요

이제는 오래되어 식어버린 잿더미 속
설마 있을까 했던 아주 작은 불씨가
한 순간 저리 살아서
하늘 온통 붉게 하다니

아린 계절에 갇혀 필 것 같지도 않던
토라진 수수꽃다리 눈빛 한번 돌리고
저 들녘 물들여 놓은 것 그냥, 그냥 좋네요

늘 푸름 넘치고 맑음 또한 깊어서
목마른 산짐승이 언제든 찾을 수 있는

눈부신

그런 그대가

그냥, 그냥 좋네요

모른척해 주세요

제발 오늘만큼은 눈 감아 주세요

지금껏 그대에게 숨긴 것 없었소이다

언제나
궁금해하면
속곳조차 보였잖소

그러니 오늘만큼은 그냥, 그냥 놓아주세요

언젠가 달무리에다 깍지 낄 날 있으니

서늘한
눈빛이랑은
그만 거두어 주세요

2부

천상초

천상초

작년 봄 S여인이 건넨 천상초 화분 하나

꽃다진 지난 가을 구석에 놓았는데

이 봄날 새순 뽑아내는 게 분주한 국수집 같다

하루가 몰라보이게 늘어나는 연둣빛 살림

햇볕에 널어놓으며 손님맞이 한창이다

가끔은 몇 가닥의 향기 내게도 말아주며…

쉼 없이 뽑아 올리는 국수틀 같은 토분

이문을 바란다는 그런 잇속 안 보이고

이슬땀 툭, 툭 털어내는 그 모습이 아름답다

별을 딸까

먼발치서
가슴만 졸이다
말 한줌 풀지 못하고

그러려니 하였다만 그래도 뭔가 허전한

별 꼬리
하르르 지며
이 밤 또 저리 가네

캄캄한 밤하늘에
갇힌 것 아니련만

휘젓고 휘저어도 걸리느니 어둠 줄기

가는 밤
잡아 매놓고
언제 한 번 별을 딸까

소나기

몸 불린 구름 무리 성큼성큼 오는 소리

바람 탄 씀바귀 씨앗 발길 서두르는 소리

이내 맘 아직 그런데 한 줄금 쏟아지려나

그예, 참지 못하고 하늘 한 곳 열리는 소리

풀섶 끝에 청개구리 개울가로 뛰는 소리

봉숭아 그늘 속에서 무당벌레 날개 접는 소리

한바탕 빗방울에 찔레꽃 속살 떠는 소리

소년의 시린 등줄기 고랑 물 흐르는 소리

팔월의 눈 붉은 접시꽃 찰방찰방 숨 고른다

봄은 짧다

또 하나의 봄나들이가 그렇게 가고 있구나

김 양처럼 붉던 동백도
이 양처럼 환한 목련도

짤막한 느낌만 주고 홀연 가고 마는구나.

언젠가 포장마차에서
술 한 잔 기울이며

알싸한 풀꽃 이야기 건네주고 싶었는데

무엇에
넋이 빠져서
그리 혼절하듯 가는가

또 하나의 봄나들이가 되돌아 올 때쯤엔

열두 잠 견뎌내며 우화시킨 나비 떼로

무심히 걷는 그대 앞에 바리케이드 치겠다

능소화

8월의 소매 끝에 꽃 하나 피워 놓고

서늘한 입추 자락 휘젓는 바람 아래

툭 떨궈
뒹굴지라도
애절한 핏빛이어라

혼절한 꽃잎 위로 노을빛 울컥 솟구쳐도

잡으려 잡아채려 그대 향해 몸부림치는

능소화
붉은 목덜미
사무치는 그리움이어라

동백꽃

그대 눈에 가득한 이야기에 빠질까

꽃봉오리 벙그는 그 입술에 빠질까

온 밤을
하얗게 태울
심지 하나 세웁니다

가슴 섶 파고드는 목소리에 빠질까

동백꽃 붉은빛에 눈동자 이글거리다

온 밤을
하얗게 밝힐
질화로 속 불꽃입니다

물안개

밤새 친 서릿발이 제 몸을 접는 새벽

청동빛 밀어처럼 그대 살포시 다가오면

어둠을 터는 소리로 차를 달여 올리리다

밤새 지핀 잉걸불로 우려낸 말간 별빛

풀섶에 맺힌 이슬이 이보다도 맑을까

천년에 한 번 핀다는 내 마음속 꽃 한 송이

비워놓은 찻잔 속에 그대 향 감돈다면

내 앞섶 찻물에다 꽃을 띄워 무엇 하나

촉촉한 두 눈동자에 피어오르는 물안개

재부팅

폴더형 휴대폰으로 안테나 세워 봐도

닿으려, 닿으려 해도 끝내 못 닿는 곳

철 지난 아날로그로는 어찌 할 수 없네요

닿으려 닿으려는 짓무른 열병으로

꼭 한 번 접속하려 화면을 클릭하니

암호화 저장파일 속 읽을 수 없는 그림 하나

해운대역

지칠 줄 몰랐었을 지난밤 바다들이

대합실 모서리마다 파도로 웅성거린다

축제는 썰물로 가고 밀려오는 새벽안개

개찰구가 열리면 제 갈 길로 몰려 나갈

조가비 숨비소리, 별빛 쏟는 소라 소리

내게도 저런 시간이 아직도 선명한데

스산함 데우려고 커피 한잔 뽑아든다

그 어느 고목 등걸이 푸르름 마다하던가

역사驛舍에 뒹구는 모래알 추억을 풀어 놓는다

줄타기

강에서 산맥으로 원시에서 문명으로
원숭이 모자지간이 그 바람을 타고 논다

지구는
시계방향으로
역방향엔 태양이 타고

땅과 하늘 사이 공기가 공기를 타고 놀 때
그 행간 걸터앉아 숨고르기 하던 햇살도
언제쯤 하강할 시간인지 저울질하고 있다

코끝에서 코끝으로 바람이 지나간다
보탬도 모자람도 없는 제 몫만큼 풍압인데

원숭이
모자지간은
그 압력을 늘 가늠한다

곰빵*의 하루

못은 등짝을 찌르며 낙인찍으려 하고
어지럼증 남발하는 녹이 슨 철제계단
시간은 발걸음 뗄 때마다 등짐을 더 얹는다

땡볕이 빨대 꽂고 낮달의 정을 빤다
핏기가 모두 소진해 허해지더라도
일당이 한 번만이라도 만월이면 좋겠다

흐르는 땀방울에 아이들 웃음 피는
제 몫 하는 그런 날 언젠간 만나겠지
허리가 끊어질 듯해도 다시 서는 질경이

곰빵* : 공사장 용어로 짐을 져 나르는 인부를 일컫는 은어

캡슐방*에서

뽕나무 줄기 따라 종일을 헤매다가
얄팍한 이불 한 채 덮지도 못한 채
사지를 옹송그리고 고치 집을 틀었다

머리를 휘저으며 허공의 별을 캐다
허기에 쓰린 속을 어르고 달래다가
스르르, 제풀에 지쳐 코를 고는 애벌레

나비로 우화되기 쉽지 않음을 알지만
이렇게 이레 잠을 언제까지 엮어야하나
저 들녘 검붉은 오디 가슴 속에 영그는 밤

*캡슐방 : 찜질방에 캡슐처럼 생긴 일인용 방

셈

살아온 시간들을 가만히 짚어보면
이문을 맘껏 보태 놓아보질 못했다

이 빠진
주판인 줄 모르고
알만 자꾸 놓았다

보태야 할 시간에는 헛손질 해대고
빼야 할 순간에는 덤으로 더 내주고
차라리 안 놓느니만 못한 수를 놓곤 했다

얼마 안 남은 해거름
더는 주춤할 수 없어

주판을 내려놓고 마음으로 되를 채우며

못다 판

나머지 것들은

그냥, 그냥 풀기로 했다

티끌

빛과 어둠 충돌하여
하늘 갈라지는 날

목적지 입력 안 된 타임머신을 타고 온

혼돈의
자궁이 낳은
벼락 맞은 꽃이다

유성우 쏟아지며 튀는 불꽃 속에서

햇살 부서지는 바다 위 증발 속에서

쉼 없이 썼다 지워지는 내 이력 속에서…

빅뱅의 소용돌이에
좌표 잠시 놓쳤다만

인연의 빛줄기가 새겨 논 표식을 찾아

이 한 몸
티끌이라도
항성恒星으로 떠 있고 싶다

쉼

질펀한 갯벌 위에 쉬고 있는 폐선 한 척
지나는 농게에게 앞선 이 안부를 물으며
햇살을 방향타 삼아 졸다 깨다 먼 하늘보다

갯바위에 바람이 들면 바다는 포말 날리며
한세월 배를 맞댄 이두박근 어부를 맞아
산호초 금침 원앙에 홍등을 걸어놓았었지…

TV보다 소파에서 졸고 있는 울 아버지
화면 속 바다를 향해 천천히 몸을 눕힌다
지금껏 살아온 날을 펄에 흘림체로 새기며

3부

아내시편 7(은어향)

아내시편 · 1
- 곰국

참나무 숯불덩이로 푹 고은 곰국이라도

쫄면서 떠오르는 뿌연 것쯤 있게 마련

오래된 장항아리에 곰팡이 피어오르듯

걷다 보면 뭣 모르고 곁불도 쬐게 되고

꼬인 연줄에 걸려 헛발질도 하게 되지

그러니 잉걸불인들 어찌 식지 않겠는가

뒷모습 서늘해짐은 가을 나무 보면 안다

서로가 서로에게 진국으로 남으려면

때때로 핵융합 하듯 화학적 충돌하는 거다

아내시편 · 2

- 그때 그 다방

온종일 안개비가 창문을 적시는 날

그리움 산이 되고 애달파 강물 되는

그 시절 다방에 앉아 별빛을 줍습니다

애꿏은 신청곡만 썼다가 다시 지우고

돌아가고 싶어도 되돌아갈 수 없는

그 옛날 별빛 서린 창이 낙수 지며 젖습니다

봄에 씨를 뿌리면 가을걷이 한다지만

벼림의 시간 끝에 불꽃을 그을 수 없어

오늘도 그 다방에 앉아 성냥만 마냥 꺾습니다

아내시편 · 3
- 인연

오래전 고이 숨겨놓은 그 꽃을 찾아왔나

벌들도 그냥 가는 잎 다진 꽃자리에

초서체 바람길 따라 호랑나비 날아든다

이 자리가 아닐까, 저 자리가 아닐까

미로처럼 꼬인 퍼즐 어찌 할 줄을 몰라

희미한 옛 향기 찾아 더듬대는 더듬이

바람과 천둥소리 엮어놓은 길 위에서

어쨌든 맞춰야 할 필연의 시간 속에서

우연히 앉은 자리가 내 꽃일 때가 있다

아내시편 · 4
- 연잎

가슴을 모은 품새 함지박보다 큰데

담고 싶은 그대는 방금 번 아기별꽃

채우고 거푸 채워도 끝내 가볍기만 해

가슴을 모은 품새 종지로 바꾼다면

한 송이 꽃일지라도 하늘로 다가설까

비우고 거푸 비워도 끝내 넘치고 마는

달빛 폭 깊을수록 그림자도 깊습니다

번지는 무늬만큼 적당한 발치에서

두 손에 깍지 끼우고 그만큼만 담습니다

아내시편 · 5
- 여름 들녘

비 온 뒤 여름 들녘은 깔끔한 밥상이다

강낭콩 몸빛하며 남새밭 물색하며

아내의 푸르른 저고리 도라지꽃 향기 같다

훅, 하는 땅 열기에 어쩔 줄 몰라 할 때

소나기 한 줄기가 마른 목 적셔주는

청량한 오이냉국 맛 그런 것 아니던가!

옥수수 수염마냥 길게 자란 근심 뿌리

말끔한 빗방울로 한 올 한 올 씻어내어

오롯이 담아 내놓는 나의 여인 그 앞섶

아내시편 · 6
- 피에로 인생

베개를 같이 베고 자 한 몸이라 생각하지만

어쩌면 연극보다 더 연출하며 사는지 몰라

시린 날 웅크리고 자는 내 모습 보면 알듯이

이내 속 그대에게 어찌 다 밝힐 수 있나

더불어 그대 속내 어찌하면 편해질까

가슴 섶 열어젖혀도 뒷모습은 숨기 마련…

가끔은 모진 바람에 앞자락 헤집어져도

알아서 속상할 일은 나 홀로 삭히는 게야

살포시 한 줌 햇살이 아내를 덮는 아침에

아내시편 · 7
- 은어향

아내의 속옷에서는 늘 같은 향이 난다

바랠 때 됐는데도 조금도 변하지 않는

코끝만 살짝 스쳐도 번져오는 물안개

기름때 찌들었던 그런 시절도 있고

꽃바람 휘둘리며 서성이던 그런 날도

싱긋한 그 향 하나면 하늘은 늘 제자리

그렇게 사는갑다, 섬진강 물소리처럼

수박 향이 좋아서, 새물내가 좋아서

살포시 건네준 속옷 오늘 또 받아 안는다

아내 시편 · 8

- 먼나무

뿌리와 우듬지는 한 몸이라 하지만

물관 굵어 갈수록 점점 멀어지는가보다

어쩌다 내려다본 땅 하늘보다 더 깊다

내가 문밖 헤맬 때면 그만큼 속 후볐을 게야

눈가에 잔주름이 왜 이제 보이는지

잎새에 햇살이 앉아 파르르 떨리는 날

아내시편 · 9
- 초승달과 밤배*

당신과 나 사이에 배인 정 그리울 땐

고등어 붉은 속살 절은 소금 알갱이 같은

짯짯한 선착장 뒷골목 주막 불빛 찾아갑니다

언제쯤 가겠다는 언질 한 번 없어도

그냥, 가기만 하면 말없이 등 내미는

정겨운 대합실 의자 그 온기에 앉습니다

무한 질주 이 세상 하염없이 휘둘릴 때

초승달 띄워주는 아내의 눈빛 받으며

느긋한 완행 밤배에 몸을 실어 봅니다

* 초승달과 밤배 : 장길수 감독의 영화제목

아내시편 · 10
- 귀항

깍지 낀 어둠 헤치며 항구로 돌아가는 배

헐거운 방향타로 닻 내릴 길을 묻는다

날 세운 파도 재우며, 바람 모두 싸안으며…

섬을 스칠 때마다 고동소리 건네 봐도

깜박이던 등대마저 메아리조차 없어

오늘도 잠들지 못한 노숙의 별만 본다

울컥 이던 뱃머리로 내항의 문을 열면

언제나 나의 편인 아내가 거기 서있다

못 채워 퀭한 어창에 달빛 가득 붓는다

아내시편 · 11

- 동행

걷는 일 힘들다고 가던 길 멈출 순 없잖아

강물도 여울에 서면 밑단 걷어 올리듯

힘들면 그럴 때 마다 허리춤 올려 맬 일이다

솟구치는 물보라에 주춤한 적도 있지만

격랑 길도 머지않아 잔잔한 거울이 되듯

발목이 퉁퉁 불더라도 거슬러 보는 거다

잔뜩 움켜쥐려고 저도 모르게 부푼 몸집

제 몸이 무거워지면 절로 비우는 먹구름

힘들면 그렇게 한바탕 쏟아 놓고 갈 일이다

아내시편 · 12
- 환절기

앞새 하나 파르라니 허공 밟고 내리는 길

오래전 그림자가 그 길 따라 걸어오네

계절은 삼만리 거리를 순식간에 돌았네

꽃피울 그 시절에 햇살이길 빌었는데도

꼬드기는 바람 따라 헛발질하며 놀았네

부풀어 봉우리 터질 꽃 짓무르게 그냥 두고…

또 하나의 잎새가 낙하하는 이 환절기에

얼어붙을 강 앞에서 목 놓아 불러보리라

삼만리 아무리 멀어도 지척인 듯한 그대

아내시편 · 13
- 상강 근처

아내의 흰 머리칼 뽑다 문득 코끝이 찡해

손바닥에 올려놓고 시간을 더듬는다

뿌옇게 보풀인 사진 속 청춘의 꽃 매만지듯

세월은 문 틈새로 어근버근 들고나고

그 짙던 여름날은 어디로 날아갔을까

이 가을 한 줌 햇살에 푸석푸석 부서지게

어느덧 상강 근처 숨소리 버석하다만

여전히 가슴 속엔 촉촉한 도랑이 있어

억새꽃 환한 들녘에 여울져오는 물소리

4부

거미별곡

거미별곡

마음 한 평 낚아채려 걸어둔 세월 속에
온갖 빛의 실꾸리가 감기고 휘감겨 들어
허공에 꼿꼿이 세운 찌 맥 못 추고 눕는다

엉킨 실의 첫머리도 내가 놓은 덫이어서
풀 수만 있다면야 스스로 풀어야겠지
늘어진 떡밥 덩이는 저울추로 누르는데……

매듭을 더듬어가는 물기의 시간에서
미끼도 풀어버리고 줄마저 끊어 던지면
아릿한 느낌도 떨림도 없는 한 줌 바람 건질까

깸

까치발 들고 서서 기척도 소문도 없이
달빛 뒤 별들처럼 그렇게 왔다 가는
투두둑, 꽃 지는 시간 그 거리보다 빨리

한여름 찌는 밤을 깜박 졸았나 보다
훅, 바람 한 줄기에 가부좌 나뒹굴고
뒷마당 대숲 속에선 이슬방울 후두둑

귀 열고 눈 부릅뜨고 얼마나 몰입해야
안개가 물방울 되는 순간을 잡아챌까
이슬은 여명 한 줄기로 아지랑이 피우는데

근시안

입춘만 되면 도지는 몹쓸 병에 걸린 사내
보아도 보이지 않는 그 여자만 그리다가

우수에
기지개 뻗는
꽃망울도 못 보네

눈 녹는 가슴 속에 복수초 피워 놓고
햇볕을 듬뿍 담아 한 두레 부어보지만

마음에
안개가 끼면
봄이어도 봄을 모르네

외톨밤

한 방에서 크고 자라 고만고만했던 밤

우리네 마을처럼 그리운 안고 사는지

이 가을 멀리 튕겨나간 한 톨의 밤을 보네

타향살이 십 수 년에 껍질은 골이 지고

살갑던 내 피붙이 온기가 삼삼해서

배꼽에 더께진 비늘 온 몸을 긁어 쌌네

어머니에게 전해 받은 탯줄의 청진기로

자궁 속 실핏줄과 그 깊은 수맥까지

한달음 달아오르는 그 집을 찾아 가네

적자 밥상

마저 채우지 못한 돈주머니 조물거리다

별살에 몸집 오른 앞집 강아지를 본다

착잡한 좌판 바닥엔 햇살 몇 가닥 없고

오늘도 데우지 못한 찬 밥 한 덩이처럼

헛헛한 가슴 속이 왜 이리 빽빽해지는지

바람은 깔깔한 혓바닥 돌기를 훑고 간다

더 이상 닳을 수 없는 누옥의 지친 젓가락

앞집 강아지마냥 언제쯤 통통해 질까

하루치 다 못 채운 그릇 젓고 또 저어 본다

자전거

힘들게 오를수록 쉽게 내려오는 고갯길
페달에 감긴 힘만큼 길은 짧아진다지만
고개도 쭉, 펼쳐놓으면 굽이침이 없는 길

바람이 감길 때면 길은 점점 높아지고
뒤에서 감길 때면 길은 점점 낮아지며
때때로 개울물 소리 바퀴살에 감는 거다

새벽녘 따라오는 등 뒤의 아침햇살
은륜이 그려 놓은 그림자에 포개본다
뿜어낸 하얀 입김이 길 위에 또 길을 긋는다

토우

귀 있어도 듣지 않아 세상 물정 모르는가

벗기고 벗기어도 잘 익은 황토 속살

깨지고 상처 났어도 웃고 있는 저 얼굴

입 있어도 말없이 초롱 눈빛 가득해

하 먼 날 바람 자락 낭랑하게 밀려오고

차림새 어설프다만 흥에 겨운 저 몸짓

갖고도 더 가지려 배만 나온 내 오늘은

짜고 또 쥐어짜도 땟국물만 돋아나니

한 천년 눈 감고 살면 노란 흙빛 될 거나

책갈피

칸칸이 꽂아놓은 시간의 설핏함을

한번쯤 되새김할 그런 날들이 있어

빼곡한 책장 한 권을 조심스레 허문다

미처 읽지 못했던 빛바랜 활자들이

책갈피 언저리마다 수북이 쌓여있고

보아도 알 수 없었던 행간 속 긴 그림자

먼지가 풀풀 이는 다 삭은 저 낙서체

모조리 뽑아들어 시위에 오늬 메듯

내 텅 빈 정수리에다 쏘아붙인다. 매섭게

이울어가는 길

먼 산 보며 앉아 계신 아버지 볼 때마다
그냥 흩어져버릴 연기 같단 생각이 든다
삿된 맘 무시로 이는 내 모습에 내가 놀란다

길다고 하면 긴 여정을 빨리도 당도했을
시간의 뒷모습들 스르르 녹아내리는지
주먹을 꽉 쥐어보지만 바람은 이미 빠졌다

햇볕은 언제나처럼 나오라 유혹하는데
멍하니 앉은 시간이 길어지는 것 같아
노을빛 더 짙기 전에 휠체어를 꺼낸다

떠나는 길

개개비 한 소절은 가슴 속 노을 빛깔

골바람 메김 따라 억새꽃 휘날리고

하늘가 눈 붉힌 구름 닻줄을 감고 있다

뱃전에 부딪치는 메나리조 물방울

가라앉는 무게에 강여울 일렁이고

광목빛 들머리 소리 자갈밭 굴러 간다

저 건너 벼랑에다 넌지시 말도 걸며

산주름 갈피마다 한 박자 접는 뱃길

설핏한 저녁 안개가 밀고 가는 그림자

꿈집

언젠가 살아야 할 그 끝에 집을 짓고

한 길로 나왔다가 다시 돌아 가려하니

왜 이리 가물거리는지 찾을 길 막막하다

숲속의 바람이랑 하늘의 구름이랑

한바탕 어울리며 길머리 살피다가

갈 곳을 잃어버리고 길이 모두 엉켰네

눈에 서린 인연들을 햇살에 비추이면

이슬이 스러지듯 맺은 언약 풀어지며

홀로이 찾아가야 할 쉴 집은 선명해질까

부두 노숙자

갈매기 가는 다리
유난히 붉은 것은
금간 파도 종일 밟는 긴 하루 때문 아니다
철탑 끝
허기긴 새끼
잔기침 밭은 이명

깨진 얼음조각 같은
날카로운 한 계절을
저들은 또 어떻게 건널 수 있을 런지
부두에
찍힌 발자국
핏빛 노을 뚝· 뚝 돋고

갈매기 눈 주위가
그마저 붉은 것은
선창을 할퀴고 간 돌풍 때문 아니다

속으로

치뻗는 한기寒氣

맞받아친 피멍이다

들풀

짓무른 울음들이 흥건한 이 세상에
꽃 피는 봄날이라고 어찌 분 냄새만 가득하랴

보아라
땅 밑을 보아라
낮은 들풀 씁쓸함을

사는 게 얽히고설킨 타래실 길이어도
분명 어딘가에는 떠오르는 해가 있어

온전히 피는 돌고 돌아
뼈대 세우지 않더냐

도도한 바람 앞에 부서지는 목숨이라도

이 한 몸
확, 불사르는

저 사월의 외침으로

푸는가
풀어내는가
절절히 뿜어내는가

순환열차

잠이 덜 깬 사내가 얼결에 올라탄 기차

제 자리 찾기 위해 두리번거리지만

깊숙이 몸을 뉠 곳은 어디에도 없었다

차창 밖 풍경들은 쉼 없이 뒷걸음질

칸마다 만난 인연 맺었다 풀어지며

어깨를 걸기도 하고 발등을 밟기도 하고

마지막 칸까지 밀려 철길을 바라보니

바람을 일으키며 따라오는 허공의 칸

햇살이 가득 찬 저곳에 앉을 자리 보이네

5부

봄볕은 아내의 품

봄볕은 아내의 품

봄볕은 아내의 품 꿈속 거릴 게 하네
지난밤 꽝꽝 언 가슴 한 줌씩 녹여내며
풍성한
봄의 사타구니
굳게 닫힌 문을 연다

아직도 가야 할 길 그 끝은 알 수 없어도
잠시 쉬었다 가는 이 황홀한 나른함이여
그대로
잠시 그대로
복사꽃 가득 하여라

허기진 하루해가 쳇바퀴처럼 돌고 돌면
이 봄볕 어디쯤에서 지금처럼 또 만날까
바람아!
깨우지 마라
아내 치마폭 풀썩거린다

글에 풀을 먹이다

떠난 말語이 남기고 간 빈집이 된 시어詩語 한 줄
먹물 번진 화첩마냥 처진 획도 보인다
되짚고
되짚어봐도
도드라질 수 없는 글

엉킨 자판 위를 한달음 내달려도
첫 타와 마지막 타 끝내 놓지 않는다면
아무리
헝클어졌어도
갈 곳 잃지 않는다고

시詩 안된 생의 길에 부레풀 먹여본다
누웠던 언어들이 다시 수직으로 일어서고
새말語은
갈기 날리며
치켜든다, 앞발굽

참깨

햇빛과 물소리가 나를 키워 올리는 날

사람들 우러르며 고놈 참하다 하기에

이 세상 그 누구보다 귀한 줄로만 알았지

홧홧한 도리깨가 정수리 후려 칠 때

콧날에 힘을 빼고 낮아질 줄 모른다면

저 들녘 잡초 풀씨랑 다른 점이 무엇인가

더는 망설일 수 없는 무쇠 솥 볶음 속에서

껍질을 죄다 벗기고 하나로 어우러져야

씁쓸한 나물무침 세상 고소한 향이라도 되지

딸에게

밤새 글 쓰던 딸이 울컥 코피를 쏟는다
또 다른 붉은 의지로 척추를 세우는 순간
인생의 험한 항로에 당당히 맞서는 것처럼

끝내 곧추서려는 너의 옹골찬 힘 하나로
밤바다 거친 물살 헤쳐 딛고 일어서야
언젠가 떠오르는 해 볼 수 있지 않겠니

눈까풀의 무게가 해일만큼 짓눌러도
스스로 발등 찧으며 주저앉지 말거라
바다도 풍랑이 없다면 멋 또한 있을 수 없단다

할아버지 눈썹

청록빛 솔잎보다 물 빠진 노엽老葉에는

광야의 바람소리 깊은 결 녹아 있다

함부로 범접하지 못할 금강송 뻗는 기개

아들아! 새겨보아라 뻣뻣한 네 눈썹보다

성성한 백발아래 카랑카랑한 눈초리

물기는 다 빠졌다만 서슬 푸르지 않느냐

햇살을 터는

1

내 그림자 깊은 속에 어떤 빛 들었을까
뼈 하나 재우지 못해 뭉그러지고 마는
그을린 부지깽이 끝 흔들리는 불꽃 무늬

숨기고 감추려고 잿더미 거푸 씌워도
아궁이 앞에 서면 술술 허울을 벗는
어스름 연기이거나 검정 숯은 아닐까

2

강가의 구르는 돌도 뒷모습을 닦는다
어른대는 수면에 이지러진 모습이어도
정성껏 물질을 하면 새물내가 솟는 것

앞섶에 새긴 무늬 뒤집으면 빈 그리메
여울목 물살 사이 튀는 흰 새우처럼
꼬리로 햇살을 터는 선명한 붓질 아닐까

별똥별

별동별 지는 길은 저리 곱기만 한데

성긴 듯 살아오며 찍어놓은 발자국

흙먼지 풀풀 날리는 퇴적으로 남는가

못다 쓴 일기장에 자벌레 한 마리가

먹물빛 활자체를 사각사각 써는 소리

저 하늘 금줄 주워서 그 흔적을 깁는다

화려한 선 남기는 밤하늘 나그네여

언젠가 등짐 벗고 길 떠나는 날 오면

그대 손 맞잡고 가는 나 또한 별이고 싶다

뛰지 마라

이리 뛰고 저리 뛰고 쳇바퀴 돌 듯 돈다고
열두 장뿐인 달력이 더 불어나기야 할까
저 혼자 착각하지 마라. 시간은 불변의 크기

잰걸음 친 길이만큼 이삭은 더 줍겠지만
뛴다고 마음속까지 홍겨워하는 건 아니니
가끔은 내면의 소리 귀 기울여 보는 거다

결코, 서두름 없는 느긋한 해거름도
재단한 땅만큼만 햇살로 박음질해
황금빛 대차대조표 걸어 놓지 않던가

강 언저리 억새풀도

아주 먼 옛날부터 바람 따라 일렁였고
어녹이치듯 줄고 불어나기도 하다가
때로는 여울목 물살과 힘겨루기도 하지

가끔은 소리 없이 햇살 실어 반짝이고
아무도 거역 못 할 풍화의 도리깨질에
맞서다 깨지기도 하고 물러서기도 하지

저리 몸부림치는 강 언저리 억새풀도
정녕, 어쩌지 못하는 무언가 분명히 있어
들어도 풀리지 않는 찰랑거리는 물소리

초끈*

나뭇잎 흔들릴 때 새는 울음을 멈춘다

그렇게 이어간다는 한 길 흐름 앞에서

나는 왜 달무리 속을 쳐다보게 되는 걸까

달은 두 팔 벌리고 온 들녘 감싸지만

꽃· 바람· 새· 물소리 서로의 꼬임 앞에서

모두가 한 울타리라는 그 끈은 보지 못했다

새가 바람이 불 때 울음을 멈추는 것과

찡끗하는 별빛에 공기마저 울컥거릴 때

비로소 허공에 안부를 묻게 되는 것이다

초끈 : 우주에 존재하는 최소 단위의 물질의 형태가 끈으로 이루어졌다는 이론

남강의 봄

얇은 사沙 여린 꽃잎 하르르 질 것 같아
돌아서는 봄바람에 속절없이 애도래라
백사장 앞섶 자락에 웅숭그리는 가슴앓이

핏빛의 금을 긋는 접동새 혼의 노래
그악스런 저 울림 갈피마다 파고들어
강물에 뜬 낮달마저 애면글면 궁굴고…

살 속 깊이 재운 불 언제쯤 일어날까
이 봄이 가기 전에 어르고 달래보며
먹먹한 촉석루 그늘에 날려보는 두견화

우포

시간의 기억이란 채워지는가, 지워지는가
목마른 공룡 한 마리 그 갈피 더듬고 있다
얼마나 더 짚고 짚어야 뼈의 흔적 찾을까

무심한 바람 한 줄기 행간을 훑고 간다
그럴 때마다 울컥 이는 큰 몸집 저 가벼움
백짓장 하늘 한 쪽은 또다시 그걸 훔쳐내고…

사르르 희미해지는 점자체 가시연꽃
제 몸 버리는 아픔 먼 기억 토해내도
구름은 우포늪 물을 그냥, 그냥 써레질 한다

켜켜이 노을 지는 연잎의 시간들은
궤도를 뛰쳐나온 별똥별 울음처럼
청록빛 징의 울림으로 이 땅 태우고 있다

옹기

별자리 칭칭 감은 가마터 하늘 위에
초신성 탯줄자락 흰 연기로 연결되고
물레 틀 긴 호흡 따라 또 다른 은하가 돈다

뼈 녹는 불꽃 무늬 천정에 화인 찍는
팽창의 정점에서 내 숨결로 간을 본다
곰삭힌 머리자리에 출렁이는 맑은 별…

북극성 소인 찍힌 황소자리 고삐잡고
흙빛이 흙빛에 삭는 이 길 넘어선다면
협궤의 불가마 속에서 눈을 뜨는 등신불

편의점 알바

새벽안개를 따라온 여명이 땅을 밝힌다
햇살이 비친 창에 기지개 켜는 꽃 화분
온 밤을 서성거리던 발소리가 정겨운 곳

노숙인이 들고 간 도수 높은 빨간 병
눈빛 고운 여학생이 품고 간 위생 속옷
하루를 지탱하기에 그보다 더 좋았을까

팔려나간 인연들은 모두가 해맑았다
따뜻한 눈빛 나누며 어둠을 밝히는 이
이 역시 대지를 밝히는 한 축의 맑은 별

■ 라이너 노트

금호동 연가

오인택(시인 · 공학박사)

[이승현 시집 앨범자켓, OST QR 코드]

이 앨범은 어떤 사건을 증명하려 하지 않는다. 다만 오래 살아온 시간 속에서, 말로 다 하지 못하고 지나온 순간들이 아직도 우리 곁에 남아 있다는 사실을 조용히 확인한다. 금호동의 골목에서 시작된 이 노래들은 화려한 서사를 앞세우지 않고, 늘 거기 있었으나 누구도 크게 부르지 않았던 풍경과 마음의 결을 하나씩 불러낸다. 밤이 되면 달빛이 걸리던 돌담, 봄이 오면 밥상이 먼저 환해지던 부엌, 하루를 버티기 위해 종이컵을 쥐고 서 있던 사람의 손, 시장 좌판 위에 내려앉은 햇살 같은 존엄, 소리로만 남아 기억되는 여름 소나기, 끝내 말하지 못한 질문 하나를 품고 올려다본 밤하늘, 함께 살아온 시간 속에서 더 이상 설명하지 않아도 알아버린 체온과 냄새, 그리고 멀고 험한 길을 돌아 결국 다시 마주 서게 되는 사람의 얼굴까지—이 앨범은 그런 장면들을 한 곡 한 곡 놓치지 않고 불러낸다.

이 노래들은 모두 시에서 출발했지만, 시를 증명하려 들지 않는다. 오히려 시가 말을 멈춘 자리에 음악이 잠시 머물며 숨을 고른다. 그래서 이 앨범에는 억지로 만든 후렴도, 감정을 몰아붙이는 고음도 없다. 대신 반복되는 말, 자주 쓰인 단어, 익숙한 풍경이 천천히 돌아오며 청자의 시간을 건드린다. “그래요, 그랬다지요”라는 말이 여러 번 불리는 동안 우리는 어느새 자기 삶의 골목을 떠올리게 되고, “그냥 좋네요”라는 문장이 이유 없이 반복될 때에는 설명할 수 없지만 분명 존재했던 순간 하나를 마음속에서 꺼내 들게 된다. 이 앨범이 말하는 사랑은 젊고 뜨거운 고백이 아니라, 끝내 남아 있는 사람의 태도에 가깝다. 떠나지 않았다는 사실, 돌아왔다는 사실, 그리고 그 자리에 누군가가 여전히 서 있다는 사실만으로 충분하다고 말한다.

중반을 지나며 노래들은 삶의 무게를 숨기지 않는다. 장터의 하루, 굽은 등 위에 앉은 햇살, 동전 소리 하나에 이어지는 밤, 잠들지 못한 항구의 별들. 그러나 이 앨범은 결코 비관으로 기울지 않는다. 진흙에서 피는 꽃을 연꽃이라 부르듯, 장에서 피는 꽃 또한 꽃이라고 말할 수 있는 마음, 소나기가 쏟아진 뒤에도 숨을 고르는 접시꽃처럼 다시 호흡하는 시간들을 믿기 때문이다. 그래서 음악은 늘 한 발 뒤에 머문다. 앞서 울지 않고, 대신 끝까지 지켜본다.

후반부로 갈수록 이 앨범은 더 낮아지고 더 깊어진다. 오래 함께 살아온 두 사람 사이에서 굳이 말하지 않아도 알게 되는 냄새, 그렇게 사는 것이 삶이라는 체념이 아니라 수긍으로 바뀌는 순간, 그리고 모든 항해 끝에 마침내 돌아와 마주하는 얼굴. 이 귀환은 승리도 실패도 아니다. 그저 돌아왔다는 사실, 그리고 기다리고 있던 사람이 있었다는 사실이 전부다. 그 담담함이 이 앨범의 가장 큰

감정이다.

마지막 곡에서 이 앨범은 다음 세대에게 말을 건네지만, 앞에 나서지 않는다. 훈계하지 않고, 대신 한 문장만 남긴다. 넘어질 수 있고, 흔들릴 수 있지만, 스스로 발등을 찧으며 다시 일어서기를 바란다는 말. 그리고 그 말을 건넨 뒤 조용히 물러선다. 더 이상 붙잡지 않고, 더 이상 설명하지 않는다. 이 앨범이 끝난 뒤에도 삶은 계속될 것이기 때문이다.

이 앨범은 듣고 나서 무엇을 느껴야 한다고 말하지 않는다. 다만 듣는 동안, 혹은 듣고 난 뒤에, 오래된 골목 하나나 잊고 지냈던 얼굴 하나가 떠오른다면 그것으로 충분하다. 말이 적어서 오래 남는 노래들, 크게 부르지 않아도 마음속에서 계속 울리는 노래들. 이 앨범은 그렇게 당신의 시간 속으로 조용히 들어가, 한동안 거기 머물다, 아무 말 없이 돌아올 것이다.

Track List

1. • **금호동 연가**
   작사: 이승현 | 작곡: 오인택 | 노래: 연수

2. • **봄빛밥상**
   작사: 이승현 | 작곡: 오인택 | 노래: 담온

3. • **그냥 좋네요**
   작사: 이승현 | 작곡: 오인택 | 노래: 연수

4. • **행상 커피**
   작사: 이승현 | 작곡: 오인택 | 노래: 담온

5. • **시장에 핀 연꽃**
   작사: 이승현 | 작곡: 오인택 | 노래: 연수

6. • **소나기**
   작사: 이승현 | 작곡: 오인택 | 노래: 서린

7. • **별을 딸까**
   작사: 이승현 | 작곡: 오인택 | 노래: 담온

8. • **아내시편·7 - 은어향**
   작사: 이승현 | 작곡: 오인택 | 노래: 무연

9. • **아내시편·10 - 귀향**
   작사: 이승현 | 작곡: 오인택 | 노래: 무연

10. • **딸에게**
    작사: 이승현 | 작곡: 오인택 | 노래: 연수

앨범 크레딧 (Credits)

구분	내용
앨범명	금호동 연가
아티스트	연수 · 담온 · 무연 · 서린
형태	프로젝트 앨범 (시 기반 보컬 앙상블 프로젝트)
수록곡 수	10 Tracks
가사(작사)	이승현 시조집『금호동 연가』 수록 시 원문 사용
작곡	오인택
보컬 퍼포먼스	연수 · 담온 · 무연 · 서린
보컬 형태	AI 기반 사이버 보컬
음악 제작 방식	Generative AI 기반 음악 생성 (창작 보조)
주요 사운드	Female Vocal Ensemble (중저음 중심) Piano-Led Arrangement (핵심 악기) Warm Strings (Violin · Viola · Cello) Subtle Acoustic Guitar Minimal Rhythm & Brush Texture Soft Ambient Pad Breathing Space & Long Reverb Instrumental Intro / Interlude / Outro
비고	본 앨범은 이승현 시인의 시조 작품을 원문 그대로 사용하여, 시의 언어를 훼손하지 않고 음악적 호흡으로 확장한 노래시집 음반이며, 감상·기록·문학 아카이브 목적의 프로젝트이다.